Rim Jouini
Mariem Jouini

Gestion Électronique des Documents GED

Rim Jouini
Mariem Jouini

Gestion Électronique des Documents GED

Éditions universitaires européennes

Imprint

Any brand names and product names mentioned in this book are subject to trademark, brand or patent protection and are trademarks or registered trademarks of their respective holders. The use of brand names, product names, common names, trade names, product descriptions etc. even without a particular marking in this work is in no way to be construed to mean that such names may be regarded as unrestricted in respect of trademark and brand protection legislation and could thus be used by anyone.

Cover image: www.ingimage.com

Publisher:
Éditions universitaires européennes
is a trademark of
Dodo Books Indian Ocean Ltd. and OmniScriptum S.R.L publishing group

120 High Road, East Finchley, London, N2 9ED, United Kingdom
Str. Armeneasca 28/1, office 1, Chisinau MD-2012, Republic of Moldova, Europe
Managing Directors: Ieva Konstantinova, Victoria Ursu
info@omniscriptum.com

Printed at: see last page
ISBN: 978-3-8417-3759-5

Dédicaces

« Si j'ai pu voir aussi loin, c'est que j'étais debout sur des épaules de géants »
Sir Isaac Newton, Mathématicien, physicien et philosophe anglais (1643-1727)

A la plus belle perle au monde…ma tendre mère Kalthoum

A mon cher père Ahmed

A ma sœur jumelle

A mes fidèles amies

Je vous aime tous

A mes enseignants

Jouini Rim & Jouini Mariem

Remerciement

Nous remercions la direction de l'École Supérieure des Technologies d'Informatique le chef de département et le corps enseignant, lesquels nous ont transmis leurs savoirs et leurs compétences afin d'assurer ce projet.

Nous tenons aussi à exprimer toute notre gratitude et notre respect à Mr Mohamed Najeh, Directeur de société LASER INFORMATIQUE de nous avoir accueillies au sein de l'entreprise.

Nous insistons pour exprimer toute notre reconnaissance à nos encadreurs Mr Mourad Gattoussi et Mme Amel Mimouni pour leur suivi, leurs précieux conseils à l'accomplissement de ce projet ainsi que leur modestie et surtout leurs qualités humaines.

Nous insistons pour exprimer toute nos reconnaissances à Mlle Souha Guenounou pour son aide dans la correction de la syntaxe de notre texte.

Enfin, nous remercions le jury d'accepter de juger notre projet. Veuillez bien trouver dans ce travail le témoignage de notre profond respect et notre haute considération.

Résumé

La réussite d'une entreprise dépend en partie de sa capacité à accéder rapidement et de façon fiable aux documents importants et souvent consultés. Seule une faible proportion des documents commerciaux requiert un accès fréquent. En outre, un accès fiable et rapide à ces documents les plus consultés est essentiel pour garantir un service de qualité.

Dans beaucoup d'entreprises, la gestion des documents est fragmentée, inefficace et très onéreuse. Elle comprend des supports papier et électroniques, des documents actifs et des documents peu demandés, le stockage sur site interne et distant, et chez de nombreux fournisseurs.

La conformité, le service client, la continuité des opérations et le travail collaboratif sont autant de raisons justifiant la nécessité d'une bonne gestion documentaire pour toute organisation.

Ces problèmes ont favorisé la mise en place de plusieurs solutions de GED qui peuvent être intégrée au sein de tout ou partie des départements de l'entreprise.

Dans ce contexte, la société LASER INFORMATIQUE et pour les besoins de ses clients a voulu explorer ce domaine en vu de définir une plateforme générique de GED. Dans sa démarche, la société nous a proposé d'élaborer un prototype qui lui permettra de mieux cerner la problématique de GED et aider à trouver l'orientation à prendre.

Notre projet à consisté donc en l'étude de la problématique GED, la définition des besoins d'une solution « simplifiée » ainsi que sa mise en œuvre. En effet, les besoins en gestion documentaires varient beaucoup en fonction de la taille des structures. Dans certaines, les utilisateurs veulent une solution simple pour leur service, avec des applications faciles à configurer. En revanche, les grandes entreprises privilégient davantage un contrôle cohérent et la conformité réglementaire d'un système de gestion de contenu robuste et prévu pour accompagner la montée en charge des besoins.

Abstract

The success of a business depends in part on its ability to quickly and reliably to access key documents and often consulted. Only a small proportion of commercial documents require frequent access. In addition, a rapid and reliable access to the most popular documents is essential to ensure quality service.

In many companies, document management is fragmented, inefficient and very expensive. It includes both paper and electronic documents, documents accessed frequently and others rarely consulted. The storage may be on site and remote, and among many suppliers.

Compliance, customer service, business continuity and collaboration are all reasons justifying the need for effective document management for any organization.

These problems have encouraged the establishment of several EDM solutions that can be integrated in all or part of company departments.

In this context, LASER COMPUTER Company and to fulfill the needs of its customers wanted to explore this area in view of defining a generic EDM platform. In its approach, the company has offered to develop a prototype that will allow him to better understand the problems of EDM and help find the direction to take.

Our project consisted therefore in the study of the EDM concepts, defining the needs for a "simplified" solution and its implementation. Indeed, the document management needs vary greatly depending on the size of structures. In some, users want a simple solution for their service, with applications easy to configure. In contrast, large firms prefer more consistent control and regulatory compliance of a content management system and provided strong support for the scalability needs.

Table des matières

Liste des figures

Liste des tableaux

Introduction générale

Dans l'art de la guerre, un avantage décisif revient à celui qui a la **connaissance** du terrain, de l'arme, des plans ou des faiblesses de l'adversaire, sur celui qui ne l'a pas.

L'invention, la ruse, le renseignement, la désinformation, la dissuasion sont ainsi des armes aussi efficaces que le fer et les muscles. En marge des « sillons sanglants » du champ de bataille, il existe un terrain de combat virtuel beaucoup plus subtil et complexe : celui de l'information et de sa médiatisation.

Dans un environnement économique hautement concurrentiel, pour ne pas dire guerrier, l'entreprise qui ne se préoccupe pas des tendances de son marché, des nouveaux produits et de ses principaux concurrents, de l'émergence de nouvelles technologies, de la mémorisation de ses savoirs et de ses savoir-faire, risque vite de subir le même sort qu'une poignée de sauvages équipés de flèches.

Les nouveaux facteurs de compétitivité sont liés aux capacités relationnelles, coopératives et cognitives des entreprises : ils créent les conditions de la coopération d'acteurs détenant en propre leur part de connaissance nécessaire à l'action, évoluant aux nœuds d'un réseau informationnel, compétent, communicant et potentiellement créateur.

La gestion d'une entreprise au sein d'une organisation avec un support écrit est devenue difficile voir impossible avec le temps vue la quantité croissante de l'information qu'elle reçoit et produit. Il convient alors de voir comment organiser, partager exploiter toutes ces ressources documentaires afin de superviser le déroulement des taches et coordonner entre les différentes ressources pour assurer le bon fonctionnement de l'entreprise.

Pour palier à ce problème, la gestion électronique de documents GED est une mise en œuvre d'une méthodologie de travail. Cette dernière favorise le travail collaboratif et assure un climat favorable de travail.

L'émergence de la GED au sein des entreprises met en place les facteurs clés qui assurent la différence avec la concurrence tels qu'une bonne gestion des ressources, la rapidité d'accès à l'information et surtout une bonne communication entre les membres de l'équipe.

Dans le cadre de notre projet de fin d'étude, on nous a confié la conception et le développement d'une solution de GED.

Le présent rapport comporte sept chapitres organisés comme suit :

▪ Le premier chapitre présentera le cadre général, à savoir le contexte du travail, la problématique du projet et proposera une démarche de développement qui sera adoptée dans la réalisation de l'application.

▪ Le second chapitre sera consacré à une étude préliminaire de l'existant.

▪ Les deux chapitres suivants aborderont la description de notre approche dans le cadre de l'environnement de travail au sein de LASER INFORMATIQUE en s'appuyant sur ses spécificités.

▪ L'analyse de l'application fera l'objet du sixième chapitre.

▪ Le septième chapitre mettra en évidence la conception du système.

▪ La description de la mise en œuvre de notre application sera présentée dans le huitième et le dernier chapitre.

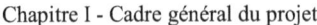

Chapitre I

Cadre général du projet

1. Introduction

Nous débutons dans le présent chapitre par situer le projet dans son cadre général en exposant le contexte et les objectifs à atteindre. Nous commençons par présenter l'organisme d'accueil LASER INFORMATIQUE, ses activités et ses services. Ensuite, nous décrivons brièvement les objectifs du projet ainsi que les méthodologies et les formalismes adoptés.

2. Présentation de l'organisme d'accueil

La société LASER INFORMATIQUE, créée en 1990 et spécialisée dans les technologies de l'information, s'est bien intégrée dans l'environnement des TIC [1] en fournissant des prestations de service diverses : le déploiement d'infrastructures techniques ou d'applications, la commercialisation de progiciels. Ses clients la sollicitent dans le cadre de prestations de conseils, de management, de projets ou de services.

2.1. Organigramme de l'entreprise

Nous pouvons représenter la société LASER INFORMATIQUE sous la forme de l'organigramme ci-dessous :

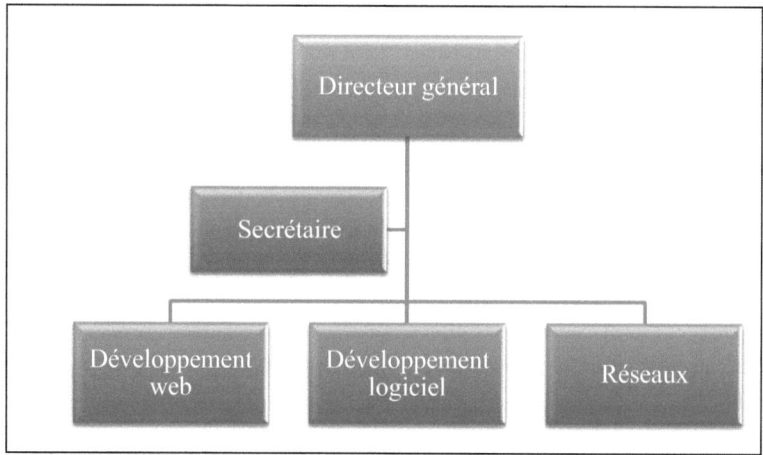

Figure 1 – Organigramme de la société

2.2. Activités et services

Les activités principales de la société sont :

- Développement d'application,

- Administration réseaux,

- Hébergement serveur de données,

- Sous-traitance de développement,

- Vente de matériels informatiques.

3. Présentation du sujet

LASER INFORMATIQUE souhaite réaliser une solution de gestion électronique des documents qui respectent les principes de GED en s'articulant autour des trois éléments suivants : la recherche, la gestion et le partage de documents électroniques.

Ainsi, ce projet s'articule autour de trois axes :

⬇ Acquisition des documents

Il existe plusieurs modes d'acquisition des documents dans un GED :

- L'acquisition des documents papier se fait par numérisation, à l'aide d'un scanner : c'est la dématérialisation proprement dite des documents.

- L'acquisition des documents électroniques (les fichiers issus des logiciels de bureautique courants ou les e-mails).

Dans notre projet, nous nous intéressons uniquement au deuxième mode.

⬇ Classement

Le plan de classement est une organisation hiérarchique de dossiers sous forme d'arborescence. Les documents y sont regroupés en fonction des activités et processus de travail de l'organisation ou du service dans lequel le système de GED est déployé.

Le classement consiste en la description des documents et a pour but de faciliter leur exploitation ou leur "récupération".

↓ Gestion des droits d'accès

Une GED se doit d'offrir une gestion fine des droits d'accès : définition des groupes d'employés, des droits par groupe et par classement, des droits par employé et par classement.

4. Choix techniques et processus adoptés

Il est important de différencier les techniques de modélisation de l'application et les méthodes de conduite de projet.

4.1 Choix techniques

- La modélisation objet avec UML 2.0
- Zend Framework : Framework PHP pour le développement d'applications Web.
- Ext JS : bibliothèque JavaScript permettant de construire des applications web interactives. Elle apporte des composants visuels d'une grande qualité comme des champs de formulaires avancés, des arbres, des tableaux, menu et barre d'outils, onglets, boîtes de dialogue.

4.2 Processus adopté

Un processus de développement logiciel définit une séquence d'étapes, en partie ordonnées, qui concourent à l'obtention d'un système logiciel ou à l'évolution d'un système existant.

Nous distinguons comme processus de développement logiciel, le processus unifié UP qui est construit sur UML ; il est itératif et incrémental, centré sur l'architecture, conduit par les cas d'utilisation et piloté par les risques. Le processus 2TUP se situe dans cette lignée, en insistant sur la non-corrélation initiale des aspects fonctionnel et technique.

A l'issue des évolutions du modèle fonctionnel et de l'architecture technique, la réalisation du système consiste à fusionner les résultats des deux branches. Cette fusion conduit à l'obtention d'un processus de développement en forme de **Y**, comme illustré par la figure 2.

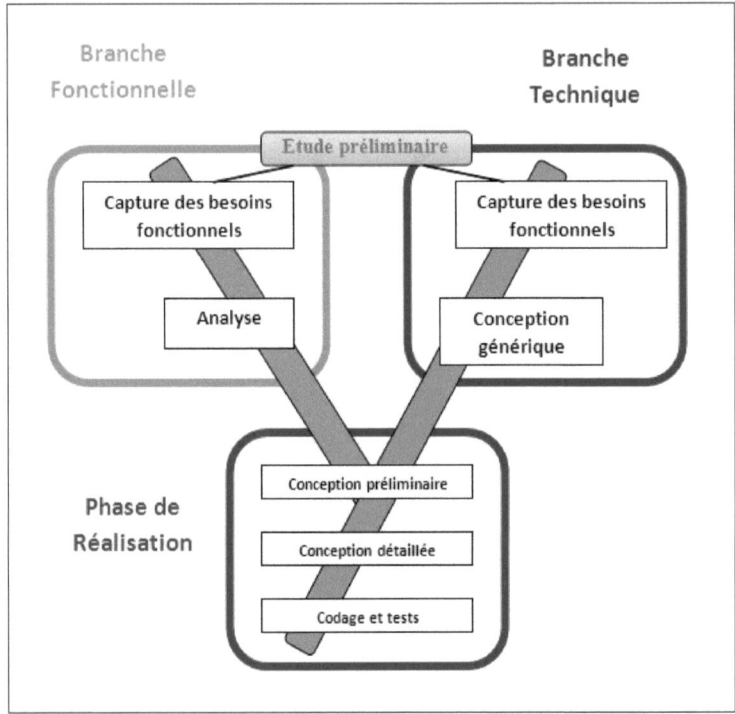

Figure 2 – Le processus 2TUP

⁜ *La branche gauche*

- La capture des besoins fonctionnels, qui produit un modèle des besoins focalisés sur le métier des employés. La maitrise d'œuvre consolide les spécifications et en vérifie la cohérence et l'exhaustivité de l'analyse, laquelle consiste à étudier précisément la spécification fonctionnelle de manière à obtenir une idée de ce que va réaliser le système en termes de métier.

⁜ *La branche droite*

- La capture des besoins techniques, qui recense toutes les contraintes et les choix dimensionnant la conception du système.
- La conception générique, qui définit ensuite les composants nécessaires à la construction de l'architecture technique.

⤅ *La branche milieu*

- La conception préliminaire, qui représente une étape délicate, car elle intègre le modèle d'analyse dans l'architecture technique de manière à tracer la cartographie des composants du système à développer ;

- La conception détaillée, qui étudie ensuite comment réaliser chaque composant ;

- L'étape de codage, qui produit ces composants et teste au fur et à mesure les unités de code réalisées ;

- L'étape de recette, qui consiste enfin à valider les fonctions du système développé.

5. Conclusion

Après avoir présenté le contexte général du travail, l'organisme d'accueil, les objectifs du projet, les choix techniques et les processus adoptés, il est nécessaire comme toute première étape de développement, d'effectuer un premier repérage des besoins fonctionnels et opérationnels.

Chapitre II

Etat de l'art

1. Qu'est-ce qu'une GED ?

a. Principes et avantages

La Gestion Electronique de Documents, ou GED, est un système d'acquisition, de classement, de stockage et de consultation des documents. Elle permet un gain de temps considérable aux organisations en structurant le classement et en facilitant les recherches.

Acquisition

L'acquisition de documents peut s'effectuer de différentes manières :

+ Par numérisation au travers d'un scanner. C'est le cas des documents papiers existants ;
+ Par intégration de documents électroniques (traitements de textes, fichiers PDF, tableurs, etc.) ;
+ Par production de documents à l'aide de logiciels métiers (comptabilité, suivi commercial, gestion de production, etc.) ;
+ Par échange de documents électroniques entre différentes organisations.

Classement

Le classement au sein d'une GED est facilité par la mise en place d'un plan de classement commun à l'ensemble de l'organisation. On s'attachera alors à définir ce dernier de manière "naturelle ", c'est-à-dire compréhensible par l'ensemble des utilisateurs.

En d'autres termes, le classement d'un document dans la GED doit se faire de manière intuitive.

Les documents classés sont indexés de différentes manières :

+ Par l'utilisation des métadonnées (titre, objet, type, auteur, résumé, etc.) ;
+ Par mots clefs ;
+ En texte intégral (fulltext).

Stockage

Quel que soit le mode de stockage utilisé par la GED (base de données, disque dur, etc.), il est essentiel que les fonctionnalités suivantes soient opérationnelles :

+ Gestion de la durée de vie du document ;
+ Purge ;
+ Archivage ;

🔸 Stockage multi serveur.

Ces caractéristiques permettent de gérer au mieux l'espace de stockage consacré à la GED utilisée au quotidien et garantissent une utilisation efficace de celle-ci, notamment en optimisant les temps d'accès.

Consultation

La consultation des documents peut s'effectuer de plusieurs manières :

🔸 En se déplaçant au sein du plan de classement : on veillera à ce que l'ergonomie de la GED facilite cette navigation ;

🔸 En utilisant un moteur de recherche mêlant la recherche par mots clefs et sur les métadonnées à la recherche en texte intégral.

b. Une GED, pour qui ?

Qui n'a jamais gaspillé un temps précieux à rechercher d'un document papier au fond d'une armoire ? Qui ne s'est jamais perdu dans les méandres d'une arborescence d'un serveur de fichier ?

Toutes les organisations, quelle que soit leur taille et quelle que soit leur activité sont concernées par la GED.

c. Une GED, pourquoi ?

Parce que le document est au cœur de toute organisation, la mise en place d'une GED relève d'une stratégie visant à améliorer l'efficacité des collaborateurs et doit, à terme, permettre d'importants gains de rentabilité.

2. GED sur le marché

On distingue comme GED sur le marché actuel :

🔸 J-Doc
  ▪ Généralité

    ▪ Technologie : Apache Php MySql.

    ▪ Description générale : J-Doc est un système de gestion collaborative de documents Open source GNU GPL dédié au partage de document par projet.

- Fonctionnalités générales

  - Création de dossiers/sous dossiers, télécharger des fichiers un par un ou par lot.

  - Possibilité de définir un dossier commun à plusieurs projets.

  - Gestion des versions, conservation des versions précédentes.

  - Notification par email des créations et mises à jour de documents

- Partie technique

  - Définition des types de documents : Très simple, uniquement la reconnaissance des types de documents. Possibilité de définir un dossier commun à plusieurs projets.

  - Types de documents supportés: .PDF, tous les fichiers bureautiques MS Office & Open Office, toutes les images; l'audio et les vidéos.

  - Recherche : par mot-clef sur les noms de fichiers et leur description.

  - Droits : Administrateur ou utilisateur avec des droits de lecture simple ou d'écriture.

+ Maarch

- Généralité

  - Technologie : PHP 5.2, MySQL 5, PostgreSQL 8.1 à 8.4, SQLServer 2005, Oracle 10,11g.

  - Description générale : Maarch Entreprise, pour la gestion globale des documents entrant et sortant d'une organisation

- Fonctionnalités générales

Maarch Entreprise peut gérer l'ensemble des documents de production d'une organisation

  - Gestion du courrier entrant, sortant, interne, autre

  - Circuits de validation, traitement des réponses

- Prise en compte de l'organisme hiérarchique dans la gestion des autorisations et le workflow

- Gestion multi- dossier, avec plan de classement propre à chaque type de dossier

- Gestion des boites, conteneurs, et emplacements de stockage physique

- Archives à valeur probante

6. Conclusion

En effet, l'existant comme nous l'avons constaté sur le marché ne correspond pas au besoin de LASER INFORMATIQUE. Ils sont assez complexe et utiles pour des besoins plus avancés.

Chapitre III
Etude préliminaire

1. Introduction

Dans la phase de l'étude préliminaire, qui consiste à identifier le périmètre du projet, il convient d'établir les bases permettant de définir les prochaines étapes de la réalisation de notre projet Gestion Electronique de Document.

Dans un premier temps, il s'agit de modéliser le contexte du système, considéré comme une boîte noire:

- Identifier les entités secondaires du système qui interagissent avec lui : les acteurs ;
- Répertorier les interactions (émission/réception des messages) entre ces acteurs et le système ;
- Représenter l'ensemble des interactions sur un modèle de contexte dynamique, éventuellement sur un modèle de contexte statique, ou décomposé pour faire apparaître les principaux sous-systèmes fonctionnels.

2. Problématique

La réussite d'une entreprise dépend en partie de sa capacité à accéder rapidement et de façon fiable aux documents importants et souvent consultés. Seule une faible proportion des documents commerciaux requiert un accès fréquent. En outre, un accès fiable et rapide à ces documents les plus consultés est essentiel pour garantir un service de qualité.

Dans beaucoup d'entreprises, la gestion des documents est fragmentée, inefficace et très onéreuse. Elle comprend des supports papier et électronique, des documents actifs et des documents peu demandés, le stockage sur site interne et distant, et chez de nombreux fournisseurs.

Parmi les problèmes de la documentation papier nous pouvons citer :

- Un gain de place au stockage des documents et à l'archivage occupant jusqu'à 10 % de l'espace dans vos locaux.
- Le temps de recherche et de diffusion d'un document est très important.
- La circulation des documents n'est pas fluide.
- Un problème de coordination entre les agents intéressés par la même ressource.
- Absence du contrôle total de documents à tout moment.

Ces problèmes ont favorisé la mise en place de plusieurs solutions de GED qui peuvent être intégrées au sein de tous ou d'une partie des départements de l'entreprise.

3. Etude des besoins

3.1   Etude des besoins fonctionnels

_B1_ : Distinguer les interfaces IHM selon les fonctionnalités (employé ou administrateur)..

_B2_ : Gérer les droits d'accès par groupe d'employé.

_B3_ : Classer les documents par type de document. En effet, l'administrateur définit les droits d'accès par groupe d'employé.

Il faut souligner que les droits d'accès fonctionnent par groupe d'employés, et non individuellement.

_B4_ : Les documents sont communiqués instantanément, en effet le système offre un accès aux documents rapide, réparti et simultané.

_B5_ : Les lecteurs peuvent annoter les documents avec un commentaire pour plus d'interaction et de dialogue entre les employés. Ces commentaires sont présentés de façon anté-chronologique.

3.2   Etude des besoins opérationnels

Bien que la satisfaction des fonctionnalités d'un système soit très importante, des besoins opérationnels doivent être pris en compte tout au long du développement de l'application.

- **Performance et Fiabilité :** La performance est un besoin à ne pas négliger vu l'ampleur des documents que l'on va stocker dans la base de données.

- **Sécurité:** Au moment de la connexion, chaque employé doit être identifié par le système et s'authentifié, pour qu'il accède au menu qui est spécifique à son groupe (droit d'accès par groupe d'employé).

- **L'ergonomie IHM :** L'application devra être cohérente de point de vue de l'ergonomie. La qualité de l'ergonomie sera un facteur essentiel, étant donnée l'utilisation intensive qui sera faite de l'application.

4. Modélisation du contexte :

Une fois le premier recueil des besoins est effectué, la description du contexte du système peut commencer. Elle consiste en trois activités successives :

- l'identification des acteurs,

- l'identification des messages,

- la réalisation des diagrammes de contexte.

4.1. Identification des acteurs du système

Un acteur représente l'abstraction d'un rôle (employé, dispositif matériel ou autre système) qui interagit directement avec le système étudié.

Les acteurs candidats sont :

> *L'administrateur* : dans le but de protéger les documents, il définit les droits d'accès par groupe d'employé. Ainsi, il gère les groupes d'employés et les documents.

> *L'employé :* Il interagit avec l'application afin d'ajouter, de consulter ainsi qu'annoter des documents et ce selon ses droits d'accès.

4.2. Identification des messages

Un message représente la spécification d'une communication unidirectionnelle entre objets qui transportent de l'information avec l'intention de déclencher une activité chez le récepteur.

Acteur 1 : *Administrateur*

Ce tableau résume les différents messages d'échanges entre l'administrateur et le système :

Messages émis	Messages reçus
(1) Login et mot de passe.	(1) Autorisation d'accès.
(2) Intervention d'ajout, de modification, de suppression des employés.	(2) Des messages de validation ou d'échec.
(3) Demande d'ajout et de suppression documents.	(3) Des écrans d'ajout des employés au système, ainsi leur groupe.
(4) Demande de consultation d'arborescence des documents.	(4) Un écran de modification des droits de groupe.
(5) Demande de consultation le liste de groupes avec leurs droits d'accès.	(5) Un écran de suppression des employés ou de groupe.
	(6) Liste des groupes d'employés.
	(7) Un écran pour la consultation de l'arborescence des documents.

Tableau 1 - Identification des messages « Administrateur / Système »

Acteur 2 : _Employé_

Ce tableau englobe les différents messages entre le système et l'employé.

Messages émis	Messages reçus
(a) Login et mot de passe	(a) Autorisation d'accès.
(b) Demande de recherche d'un document	(b) Un écran pour afficher résultat de la recherche du document.
(c) Demande de consultation d'un document.	(c) Un écran pour la consultation de l'arborescence des documents.
(d) Demande d'ajout d'un document.	(d) Un écran pour ajouter un document

Tableau 2 - Identification des messages « Employé/Système »

Modélisation du contexte

Tous les messages (système ⇔acteurs) identifiés précédemment peuvent être représentés de façon synthétique sur un diagramme, que l'on peut qualifier de diagramme de contexte dynamique.

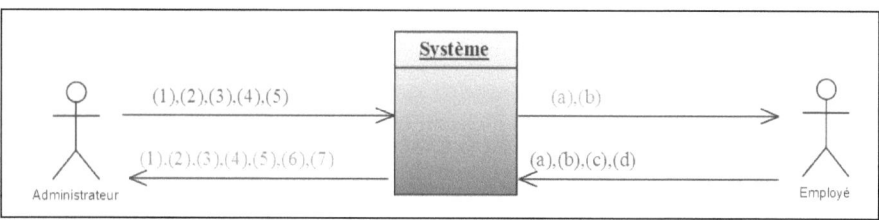

Figure 3 - Diagramme du contexte dynamique de GED

5. Conclusion

Après avoir établit un recueil initial des besoins fonctionnels et opérationnels par la modélisation de contexte du système, considéré comme une boite noire, en identifiant les entités externes qui interagissent directement avec lui, en répertoriant les interactions entre ces acteurs et le système et en représentant l'ensemble des interactions sur un modèle de contexte dynamique.

Nous entamerons, dans le chapitre suivant, l'analyse des cas d'utilisation qui correspond au besoin fonctionnel de notre applicatio

Chapitre IV

Capture des besoins fonctionnels

1. Introduction

La capture des besoins fonctionnels est la première étape de la branche gauche du cycle en Y. Elle formalise et détaille ce qui a été ébauché au cours de l'étude préliminaire.

Elle est complétée au niveau de la branche droite du Y par la capture des besoins techniques et prépare l'étape suivante de la branche gauche.

2. Liste des cas d'utilisation

Chaque cas d'utilisation spécifie un comportement (ou service) attendu du système considéré comme un tout, sans imposer le mode de réalisation de ce comportement.

Il permet de décrire ce que le futur système devra faire, sans spécifier comment il le fera.

Pour chaque acteur identifié durant l'étude préliminaire, il convient de :

- Rechercher les différentes intentions métier avec lesquelles il utilise le système,
- Déterminer dans le cahier des charges les services fonctionnels attendus du système.

Le tableau ci-dessous permet d'identifier la liste des cas d'utilisation, les acteurs principaux dans notre système :

Cas d'utilisation	Acteur Principal
S'identifier	Employé
Ajouter un document	Employé
Consulter un document	Employé
Annoter un document	Employé
Rechercher un document	Employé
Supprimer un document	Employé
Classer un document	Administrateur

Créer un groupe	Administrateur
Modifier un groupe	Administrateur
Supprimer un groupe	Administrateur
Ajouter un employé	Administrateur
Supprimer un employé	Administrateur

Tableau 3 - Liste des cas d'utilisations

3. Diagramme des cas d'utilisation

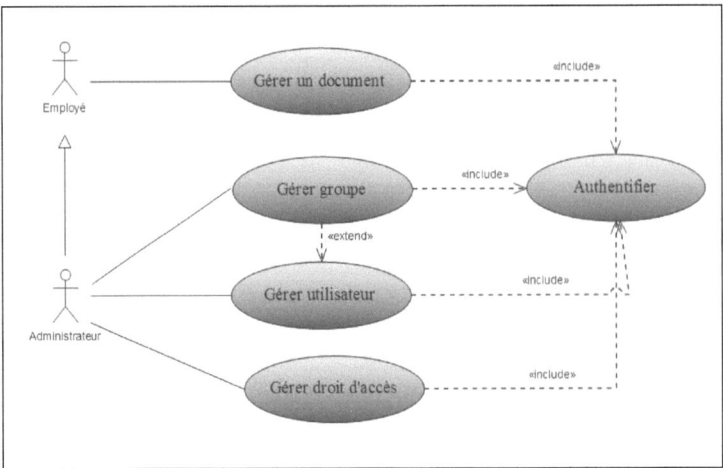

Figure 4 – Diagramme global des cas d'utilisation

4. Fiches des cas d'utilisation

Les cas d'utilisation donnent une vue d'altitude des interactions visibles d'un système, ils ne fournissent pas d'informations sur la structure interne. Ils mettent en évidence les rôles de ses employés, et contribuent à catégoriser ces derniers, à définir leurs attentes (objectifs du système) et obligations (pilotage du système).

Nous détaillons les cas d'utilisation avec ses scénarios : un scénario nominal (le cas le plus fréquent), les scénarios alternatifs (ou d'extension) et les scénarios d'exceptions.

Chaque scénario est composé d'étapes. Une étape est un message de l'acteur vers le système, une validation ou un changement d'état du système ou encore un message du système vers un acteur. On choisit de numéroter chaque étape. La description détaillée des cas d'utilisation comporte des pré-conditions et des post-conditions.

Nous avons regroupé les cas d'utilisation dans des paquetages en suivant le critère de la cohérence métier des UC :

4.1. Paquetage « Gérer un document »

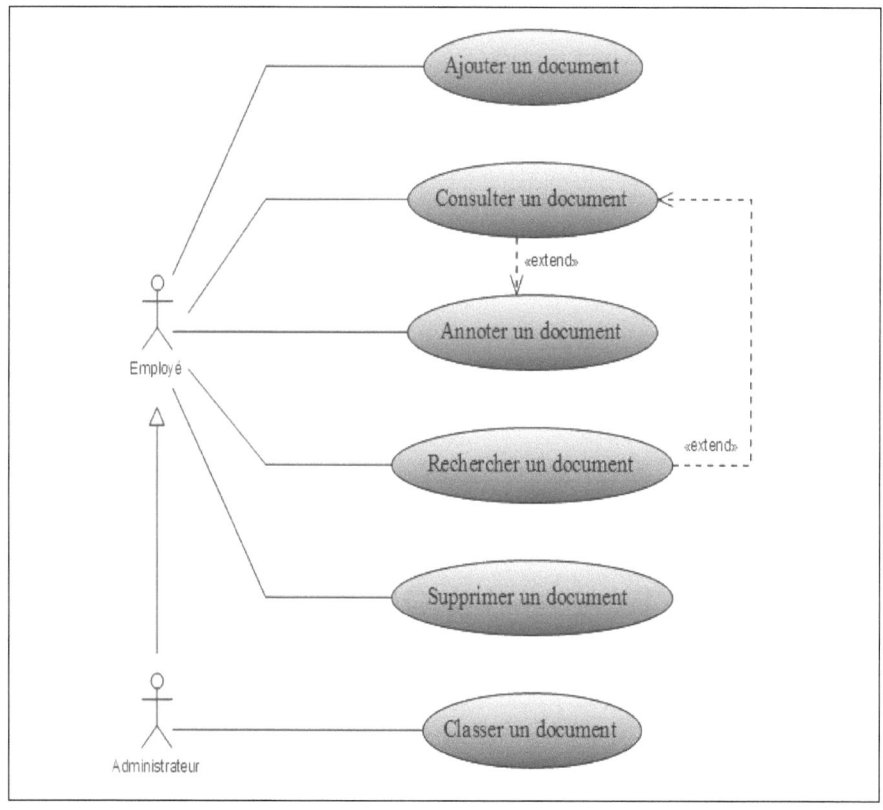

Figure 5 – Diagramme de cas d'utilisation « Gérer un document »

- **Cas d'utilisation « Ajouter un document » :**

Titre « Ajouter un document »
Identification
Nom du cas : ajouter un document
But : ajouter un nouveau document à la base documentaire.
Acteur principal : employé
Acteur(s) secondaire(s) : néant
Séquencement
Pré-condition:
Employé bien identifié par le système.
Enchaînement nominal :
L'employé :
1. Précise la source qui correspond au document ciblé à ajouter ;
2. Ajoute le document à la base documentaire ;
3. Définit les droits d'accès de document ;
4. Valide l'ajout de document.
Enchaînement(s) alternatif(s) :
A1 : Le document existe à la base documentaire.
L'enchaînement démarre après le point 1 de la séquence nominale :
4. Le système affiche un message informationnel rappelant que ce document existe déjà dans la base documentaire.
5. **Post- condition :**
Le document est ajouté à la base documentaire.

- **Cas d'utilisation « Consulter un document » :**

Titre « Consulter un document »
Identification
Nom du cas : consulter un document
But : consulter un document qui a été ajouté précédemment à la base documentaire.
Acteur principal : employé
Acteur(s) secondaire(s): néant

Séquencement

Pré-condition :

Employé bien identifié par le système

Employé est autorisé à consulter le document.

Enchaînement :

1. Appel du cas "Rechercher un document ".

2. Le document est affiché à l'employé.

3. Consulter le document.

4. Le système enregistre que le document a été consulté.

5. Informer le propriétaire du document éventuellement par un message qu'il a été consulté.

Post- condition :

▪ Le document à consulter est affiché à l'employé.

▪ **Cas d'utilisation « Annoter un document » :**

Titre « Annoter un document »

Identification

Nom du cas : annoter un document

But : annoter un document en associant au document des méta-data, un commentaire, ….

Acteur principal : employé

Acteur(s) secondaire(s) : néant

Séquencement

Pré-condition :

Employé identifié et authentifié par le système.

Appel du cas "Rechercher un document ".

Appel du cas "Consulter un document ".

Enchaînement Nominal :

1. L'employé ajoute des annotations sous forme de commenatires.

2. Enregistrer le(s) annotation(s).

Post-condition :

Des annotations sont désormais associées au document sélectionné.

- **Cas d'utilisation « Rechercher un document » :**

Titre « Rechercher un document »

Identification

Nom du cas : rechercher un document

But : rechercher un document pas nécessairement dans la base documentaire.

Acteur principal : employé

Acteur(s) secondaire(s) : néant

Séquencement

Pré-condition :

Employé bien identifié par le système.

Enchaînement nominal :

L'employé insère le contenu pour la recherche du document ciblé.

1. Lancer la recherche.

2. Le système affiche le résultat de la recherche à l'employé.

Enchaînement(s) alternatif(s) :

A1 : Les mots clés ne figurent pas dans la base documentaire.

L'enchaînement démarre après le point 2 de la séquence nominale :

3. Le système n'affiche aucun résultat.

4S. Le système invite l'employé à réintroduire de nouveaux mots clés, à défaut de quoi.

La séquence nominale reprend au point 2.

Post- condition :

Une liste de documents est affichée à l'employé.

- **Cas d'utilisation « Supprimer un document » :**

Titre « Supprimer un document »

Identification

Nom du cas : supprimer un document

But : supprimer un document de la base documentaire.

Acteur principal : employé.

Acteur secondaire : néant

Séquencement

Pré-condition:

Employé bien identifié par le système.

Enchaînement nominal :

1. L'employé précise le document à supprimer.
2. Valider la suppression.
3. Un email est envoyé à l'administrateur que le document a été supprimé par le propriétaire.

Post-condition :

Le document est en fait marqué « supprimé » dans l'interface de l'employé le document n'apparait plus. Cependant dans l'interface administrateur, il apparaît avec une indication de suppression.

- **Cas d'utilisation « Classer un document »:**

Titre « Classer un document »

Identification

Nom du cas : classer un document

But : classer le document selon son objet.

Acteur principal : administrateur

Acteur secondaire : néant

Séquencement

Pré-condition :

Identification de l'employé par le système.

Enchaînement nominal:

L'administrateur identifie le type du document.
Appel du cas "Ajouter un document ".

Post- condition :

Le document est classé à la base documentaire.

4.2. Paquetage « Gérer employé »

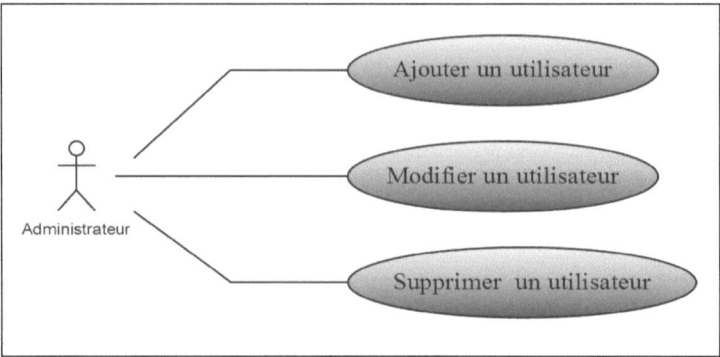

Figure 6 – Diagramme de cas d'utilisation « Gérer un employé »

- **Cas d'utilisation « Gérer un employé » :**

Titre « Gérer un employé »

Identification

Nom du cas : gérer un employé.

But : créer, modifier les droits d'accès des employés du système.

Acteur principal : administrateur

Acteur secondaire : néant

Séquencement

Pré-condition :

Authentification de l'administrateur par le système.

Enchaînement A : créer un compte employé
Définir le login et le mot de passe.
Enregistrer le nouveau compte de l'employé.

Enchaînement B : supprimer un compte employé
Sélectionner l'enregistrement désiré.
Réaliser la suppression de l'employé.

Enchaînement C : modifier un compte employé
Sélectionner l'enregistrement désiré.
Réalise la modification sur l'enregistrement.

Post-condition :

L'opération désirée par l'administrateur est réalisée avec succès.

4.3. Paquetage « Gérer un groupe »

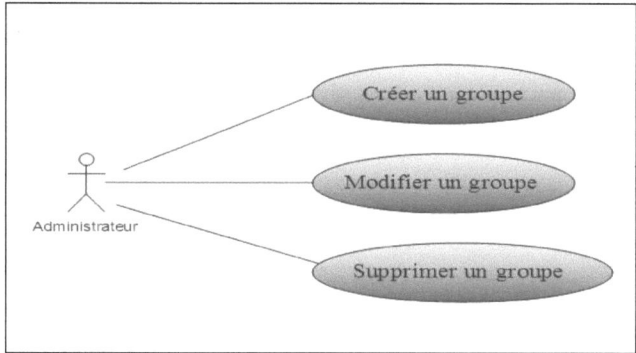

Figure 7 – Diagramme de cas d'utilisation « Gérer un groupe »

- **Cas d'utilisation « Gérer un groupe » :**

Titre « Gérer un groupe »

Identification

Nom du cas : gérer un groupe.

But : créer, modifier et supprimer des groupes.

Acteur principal : administrateur

Acteur secondaire : néant

Séquencement

Pré-condition :

Authentification de l'administrateur par le système.

Enchaînement A : créer un groupe
    Définir le nom du groupe avec sa description et son état.
    Affecter les employés au groupe concerné.

Enchaînement B : supprimer un groupe
    Sélectionner l'enregistrement désiré.
    Réaliser la suppression du groupe.

Enchaînement C : modifier un groupe
    Sélectionner l'enregistrement désiré.
    Réaliser la modification sur l'enregistrement.

Post- condition :
L'opération désirée par l'administrateur est réalisée avec succès.

4.4. Paquetage « Gérer droit d'accès »

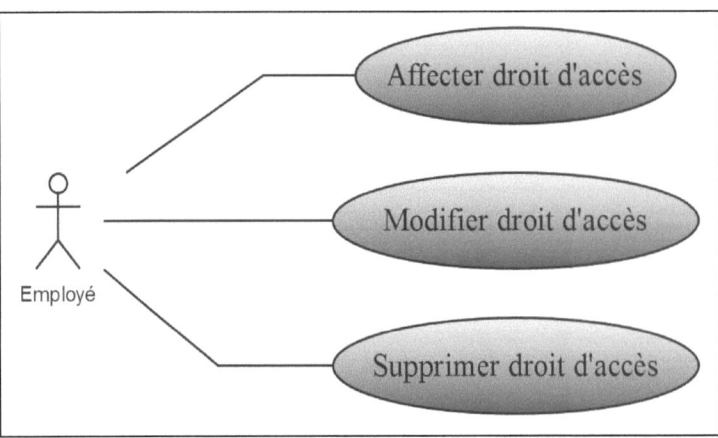

▪ **Cas d'utilisation « Gérer droit d'accès » :**

Titre « Gérer droit d'accès»
Identification
Nom du cas : gérer droit d'accès.
But : affecter, modifier et supprimer les droits d'accès des employés par groupe.
Acteur principal : employé
Acteur secondaire : néant
Séquencement
Pré-condition :
Authentification de l'employé par le système.
Appel du cas « Ajouter un document ».
Enchaînement A : affecter droit d'accès
Définir les droits d'accès du document par groupe.

Valider les droits d'accès.

Enchaînement B : modifier droit d'accès

Sélectionner l'enregistrement désiré.

Réaliser la modification sur l'enregistrement.

Enchaînement C : Supprimer droit d'accès

Sélectionner le groupe désiré.

Réaliser la suppression de droit d'accès.

Post- condition :

L'opération désirée par l'administrateur est réalisée avec succès.

5. Etude des cas d'utilisation

La description des cas d'utilisation textuelle est indispensable, car elle seule permet de communiquer facilement et précisément avec les employés. En revanche, le texte présente des désavantages puisqu'il est difficile de montrer comment les enchaînements se succèdent.

Il est donc recommandé de compléter la description textuelle par un ou plusieurs diagrammes dynamiques, qui apporteront un niveau supérieur de formalisation.

5.1 Diagrammes de séquences

Pour décrire les interactions entre différentes entités et/ou acteurs, nous allons utiliser les diagrammes de séquences qui mettent l'accent sur l'ordre chronologique des messages. Le temps y est représenté explicitement par une dimension (la dimension verticale) et s'écoule de haut en bas.

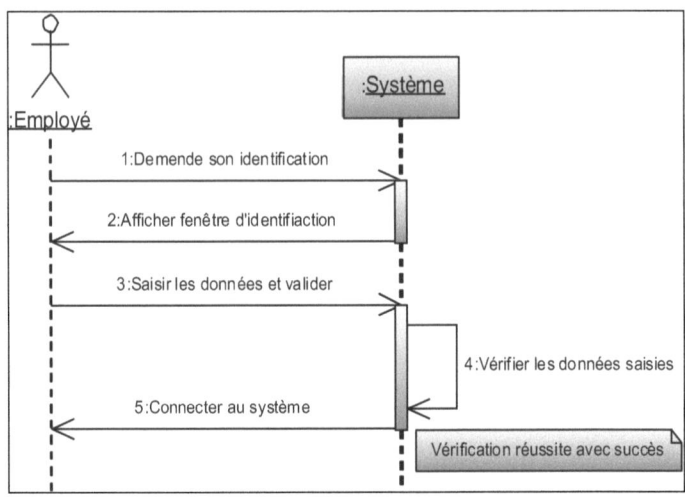

Figure 9 - Diagramme de séquence « Authentifier »

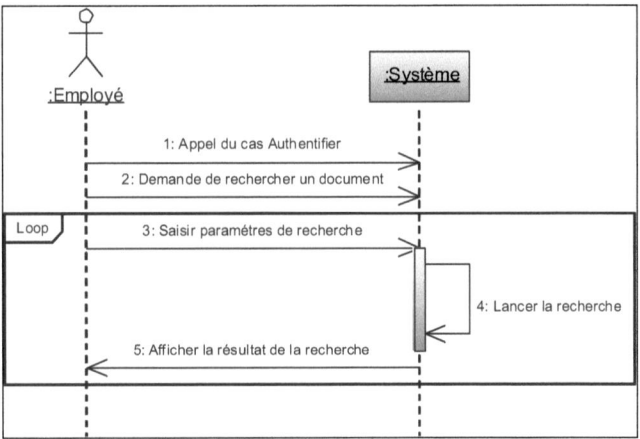

Figure 10 - Diagramme de séquence « Rechercher un document »

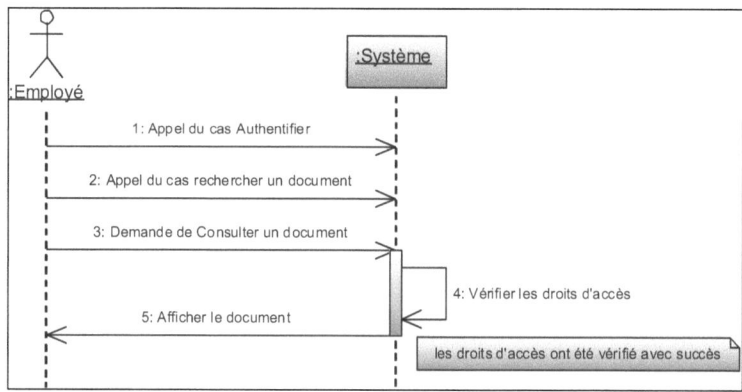

Figure 10 - Diagramme de séquence « Consulter un document »

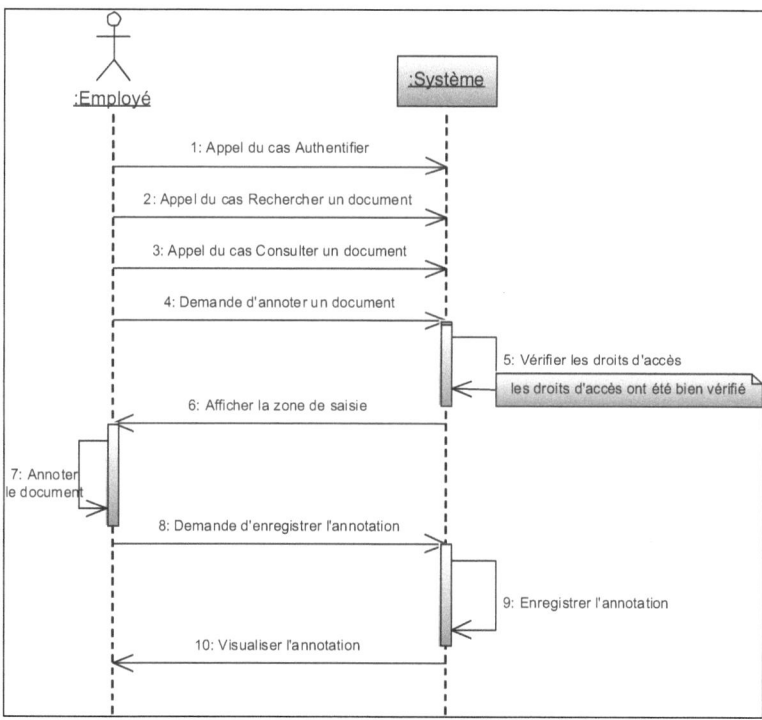

Figure 11 - Diagramme de séquence « Annoter un document »

6. Validation et traçabilité

6.1 Les exigences du système

Exigence 1	Sécurité d'accès
Exigence 2	Droit par groupe
Exigence 3	Droit par domaine de classification
Exigence 4	Droit par document
Exigence 5	Ajout d'un document

6.2 Matrice de traçabilité

Nous réalisons une matrice de la traçabilité entre cas d'utilisation et éléments de cahier des charges. Elle nous permet d'améliorer notablement la capacité de maintenance et d'évolution du code, tout au long de la vie de l'application.

Pour assurer plus de lisibilité à cette matrice, nous allons attribuer un numéro à chaque cas d'utilisation :

(1) Authentifier

(2) Gérer un document

(3) Gérer un groupe

(4) Gérer un employé

(5) Gérer droit d'accès

	(1)	**(2)**	**(3)**	**(4)**	**(5)**
Exigence 1	✓				
Exigence 2		✓	✓	✓	✓
Exigence 3		✓		✓	
Exigence 4					✓
Exigence 5		✓	✓	✓	✓

Tableau 4 - Matrice de traçabilité

6.3   Définition des itérations

Dans le cadre d'un développement itératif et incrémental, il convient en premier lieu d'identifier les cas d'utilisation les plus critiques en termes de gestion des risques. Ces cas d'utilisation devront être traités prioritairement afin de lever au lus tôt les risques majeurs. Le client affecte une priorité fonctionnelle à chaque cas d'utilisation.

Cas d'utilisation	Risque	Priorité	Itération
Authentifier	Haut	Haut	1
Gérer un document	Haut	Haut	1
Gérer un groupe	Haut	Bas	3
Gérer un employé	Moyenne	Moyenne	2
Gérer droit d'accès	Haut	Moyenne	2

7. Conclusion

La capture des besoins fonctionnels est la pierre angulaire de notre projet qui permet de préciser l'étude du contexte fonctionnel du système, en décrivant les différentes façons qu'auront les acteurs pour utiliser notre GED.

Elle est achevée par la capture des besoins techniques décrite dans le chapitre suivant.

Chapitre V

Capture des besoins techniques

1. Introduction

La capture des besoins techniques est une activité généralement peu formalisée. Elle couvre toutes les contraintes qui ne traitent ni de la description du métier des employés, ni de la description applicative.

La capture des besoins techniques est complémentaire avec celle des besoins fonctionnels. Le modèle de spécification logicielle concerne les contraintes techniques.

2. Choix stratégique de développement

LASER INFORMATIQUE a officialisé le choix d'un certain nombre technique pour ce projet qui sont principalement :

- La modélisation objet avec UML 2.0
- Une architecture 3-tiers avec MySQL 5.0 comme étant un SGBDR
- La plateforme Zend et Ext JS.

3. Spécification architecturale

Du à sa souplesse et la réduction des coûts de développement et d'intégration, on a fait recourt à une architecture trois-tiers.

Nous nous focalisons sur la spécification, de point de vue logiciel, qui doit nous permettre d'identifier les briques de notre application.

Nous avons choisi une architecture en couches. Il s'agit de trois couches distinctes permettant d'isoler les aspects présentation, métier et gestion des données.

- La couche présentation correspond à la partie de l'application visible et interactive avec les employés, dans notre cas on a utilisé les technologies Ajax et JSON avec le Framework Extjs.

- La couche métier correspond à la partie fonctionnelle de l'application, celle qui implémente la « logique », et qui décrit les opérations que l'application opère sur les données en fonction des requêtes des employés, effectuées au travers de la couche présentation. Les différentes règles de gestion et de contrôle du système sont mises en œuvre dans cette couche.

- La couche accès aux données consiste en la partie gérant l'accès aux gisements de données du système, dans notre cas on a utilisé la base de données MySQL et le design pattern PDO.

Les technologies misess en œuvre dans l'architecture logicielle adoptée sont, par couche logicielle :

Couche présentation

ExtJS est un Framework JavaScript, qui permet de produire le nombre de widget utile : onglets, fenêtres d'outils, arbres, grilles, formulaires, etc. ExtJS est écrit en JavaScript, et les bibliothèques ExtPHP et PHP-Ext permettent de produire les instructions JS en notation objet PHP.

Couche métier

Zend Framework (ZF) est un Framework open-source destiné aux développements d'applications web et de services web avec PHP5. Le Zend Framework est construit en utilisant notamment un code orienté-objet. La structure des composants du Zend Framework est quelque peu unique ; chaque composant est conçu avec de faibles dépendances envers les autres composants. Cette architecture faiblement couplée permet aux développeurs d'utiliser les composants individuellement. On appelle souvent ce type de conception "use-at-will".

- Zend_ACL

Zend_Acl fournit une implémentation légère et flexible de listes de contrôle d'accès (ACL) pour la gestion de privilèges. En général, une application peut utiliser ces ACL pour contrôler l'accès à certains objets par d'autres objets demandeurs.

Dans le cadre de cette documentation :

- une ressource est un objet dont l'accès est contrôlé,
- un rôle est un objet qui peut demander l'accès à une ressource.

En d'autres termes, les rôles demandent l'accès à des ressources. Par exemple dans le cadre de notre projet GED, si un employé demande l'accès à un document, alors l'employé est le rôle demandeur et le document est la ressource, puisque l'accès au document est soumis à un contrôle.

Grâce à la définition et à la mise en œuvre d'une ACL, une application peut contrôler comment les objets demandeurs (rôles) reçoivent l'accès (ou non) à des objets protégés (ressources).

- Zend_Db

Zend_Db et ses autres sous-classes proposent une interface de connexion aux bases de données avec Zend Framework. Zend_Db_Adapter est la classe de base utilisée pour se connecter aux bases de données (SGBDs). Il y a différentes classes d'adaptateur par SGBD.

- Zend_Search_Lucene

Le composant Zend_Search_Lucene est prévu pour fournir une solution de recherche full-text prête à l'emploi. Il ne nécessite aucune extension PHP ni même que des logiciels supplémentaires soient installés, et peut être utilisé tout de suite après l'installation du Framework Zend.

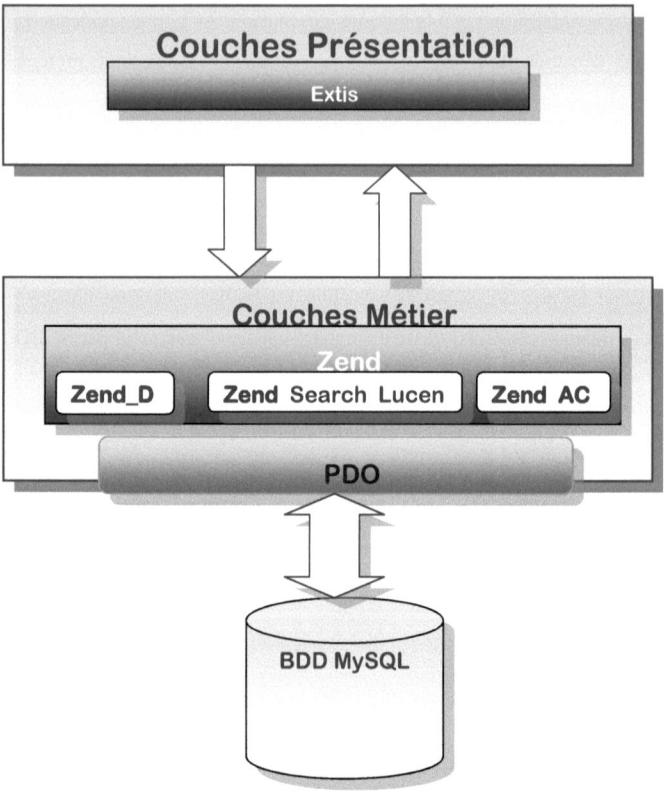

Figure 11 – Architecture logicielle

⬥ *Couche accès aux données*

L'extension PHP Data Objects (PDO) définit une excellente interface pour accéder à une base de données depuis PHP. Chaque pilote de base de données implémenté dans l'interface PDO peut utiliser des fonctionnalités spécifiques de chacune des bases de données en utilisant des extensions de fonctions. PDO fournit une interface d'abstraction à l'accès de données. PDO ne fournit *pas* une abstraction de base de données : il ne réécrit pas le SQL, n'émule pas des fonctionnalités manquantes.

PDO est fournit avec PHP 5.1 et est disponible en tant qu'extension PECL pour PHP 5.0 ; PDO requiert les nouvelles fonctionnalités orientées objet fournies par PHP 5 et donc, ne fonctionne pas avec les versions antérieures de PHP.

4. Conclusion

Dans ce chapitre nous avons présenté l'environnement matériel et logiciel de notre projet qui correspond à la phase de capture des besoins techniques. C'est une étape de prise en compte des contraintes technique et logicielles. Le processus de mise en œuvre dans cette étape est la capture des spécifications techniques liées à la configuration matérielle, la capture initiale des spécifications logicielles éventuellement détaillées.

Chapitre VI

Analyse

1. Introduction

Durant cette phase, nous allons modéliser le domaine d'application en analysant l'existant et les contraintes de réalisation. En effet, nous allons aborder les trois activités d'analyse suivantes :

+ Le découpage en catégories.
+ Le développement du modèle statique.
+ Le développement du modèle dynamique.

2. Découpage en catégorie

Le découpage en catégories induit par les cas d'utilisation permet de trouver les classes fondamentales du projet par le biais des diagrammes des classes participantes. Ce découpage doit se fonder sur l'ensemble des classes candidates identifiées durant la phase précédente (Capture des besoins fonctionnels), mais également sur deux principes fondamentaux : cohérence et indépendance.

Le premier principe consiste à regrouper les classes sémantiquement proches. Pour cela, il faut chercher la cohérence avec les critères suivants :

▪ *Finalité* : les classes doivent rendre des services de même nature aux employés.

▪ *Evolution* : nous isolons ainsi les classes réellement stables de celles qui vont vraisemblablement évoluer au cours du projet, ou même par la suite. Nous distinguons notamment les classes métier des classes applicatives.

▪ *Cycle de vie des objets* : permet de distinguer, et donc de gérer différemment les classes dont les objets ont des durées de vie très différentes.

Le deuxième principe consiste à renforcer ce découpage initial en s'efforçant de minimiser les dépendances entre catégories.

En appliquant ces notions, nous aurons le découpage suivant:

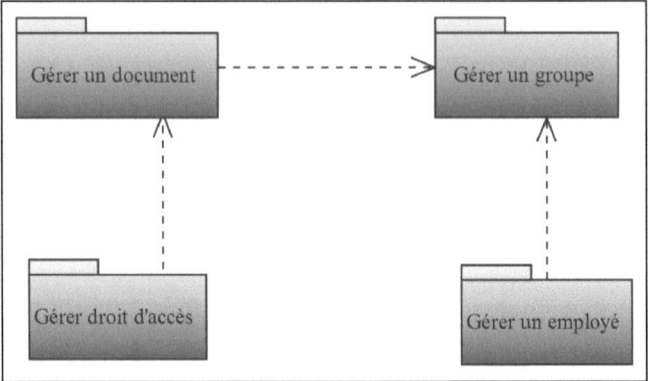

Figure 12 – Découpage en paquetage

3. Développement du modèle statique

Le développement du modèle statique constitue la deuxième activité de l'étape d'analyse. Les diagrammes de classes préliminaires obtenus lors du découpage en catégories sont détaillés, complétés et optimisés.

En appliquant quelques règles d'optimisation et d'affinement, nous allons examiner ces classes de manière plus détaillée pour arriver à construire le diagramme de classes final qui représente le diagramme le plus important.

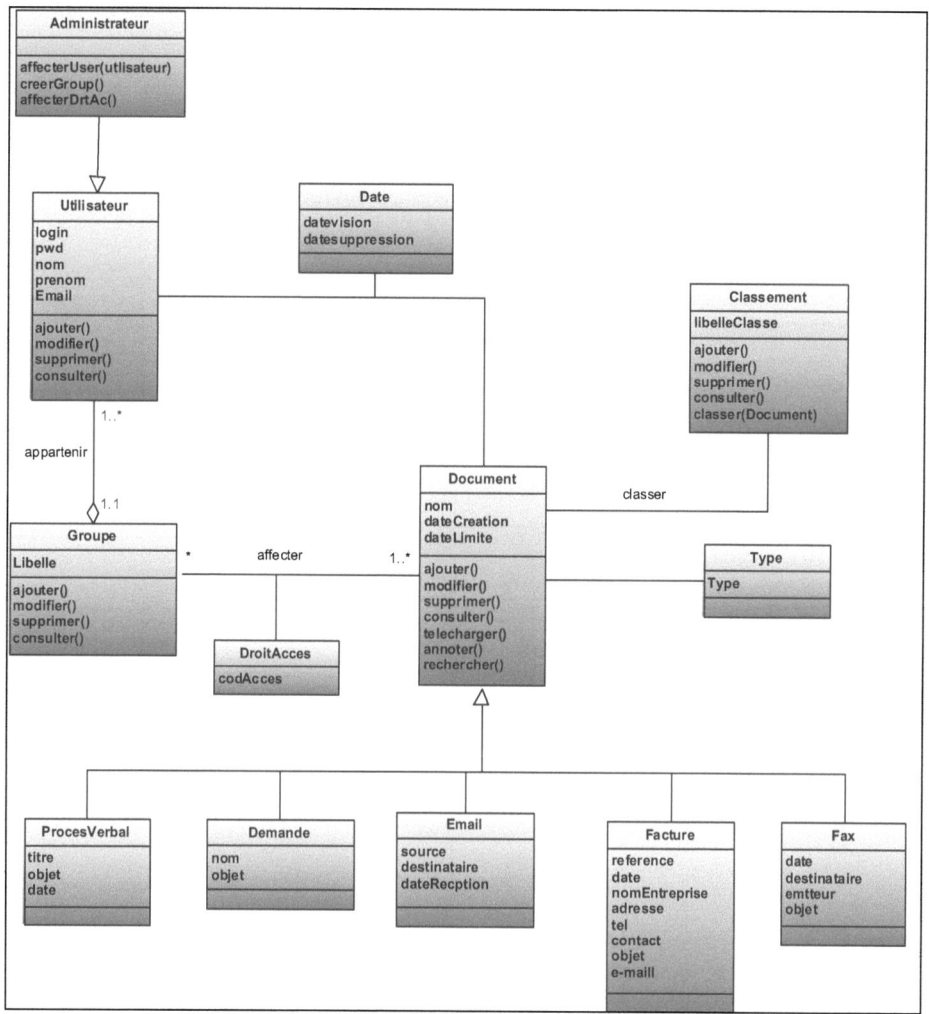

Figure 13 – Diagramme de classe

4. Développement du modèle dynamique

Le développement du modèle dynamique précède l'étape de conception.

Dans le cadre de l'élaboration du modèle dynamique, nous avons opté pour les classes d'analyse de Jacobson à savoir :

❖ Boundary ⊢○ : représente l'interaction entre l'acteur et le système. Ces classes peuvent représenter des fenêtres, des formulaires, des interfaces de communication, des capteurs,...

❖ Control Ŏ : représente la coordination, le séquencement, les transactions et le contrôle d'autres objets. Ces classes gèrent et coordonnent les actions et les flots de contrôle et délèguent le travail à d'autres objets, ce sont des classes programmables.

❖ Entity Ω : fournissent une représentation des informations utiles aux développeurs lors de la conception et l'implémentation du système, elles représentent les tables de la base de données.

Dans notre cas, nous voulons faire ressortir les relations structurelles des participants qui interagissent, il est préférable que nous optons pour le diagramme de collaborations.

Il existe des règles précises sur les interactions possibles entre instances de ces trois types de classes d'analyse :

- Les acteurs ne peuvent interagir (envoyer des messages) qu'avec les *boundary*.

- Les *boundary* peuvent interagir avec les *control* ou exceptionnellement avec d'autres *boundary*.

- Les *control* peuvent interagir avec les *boundary*, les *entity*, ou d'autres *control*.

- Les *entity* ne peuvent interagir qu'entre elles.

Nous allons illustrer les trois diagrammes pour les cas d'utilisation suivants :

▪ Créer un groupe

▪ Modifier un groupe

▪ Supprimer un groupe

▪ Créer un employer

4.1. Cas d'utilisation « Créer groupe »

Traçabilité entre cas d'utilisation et modèle d'analyse :

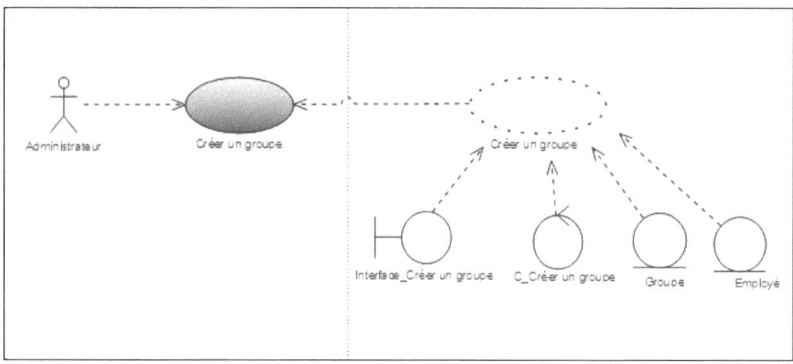

Figure 14 – Traçabilité entre cas d'utilisation et modèle d'analyse de CU« Créer groupe »

Modèle d'analyse :

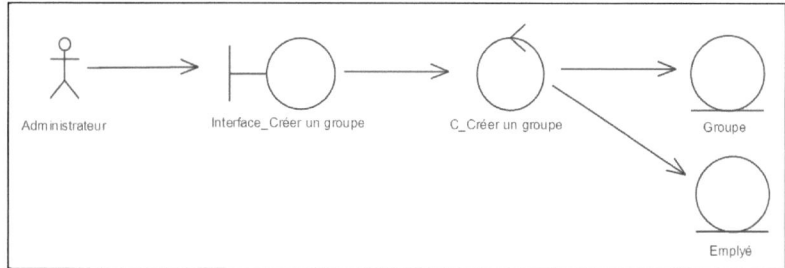

Figure 15 – Modèle d'analyse de CU « Créer groupe »

Diagramme de collaboration :

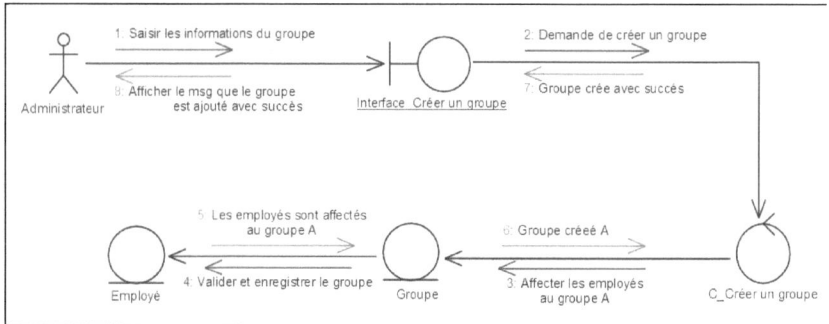

Figure 16 – Diagramme de collaboration de CU« Créer groupe »

4.2 Cas d'utilisation « Modifier un groupe »

Traçabilité entre cas d'utilisation et modèle d'analyse :

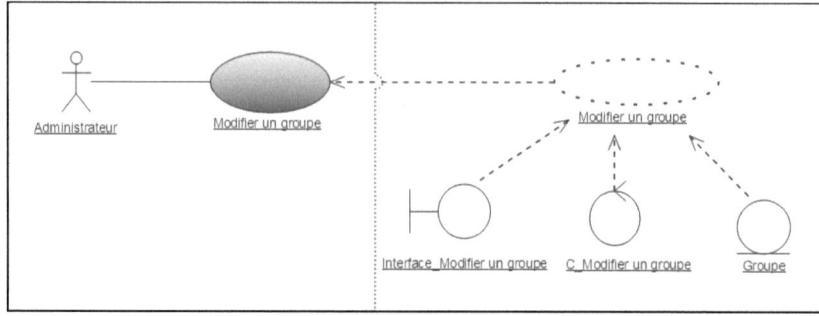

Figure 17 – Traçabilité entre cas d'utilisation et modèle d'analyse de CU « Modifier un groupe »

Modèle d'analyse :

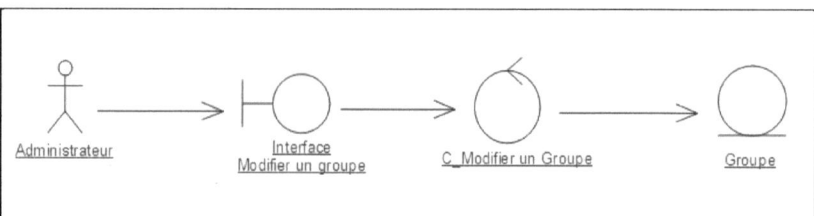

Figure 18 – Modèle d'analyse de CU« Modifier un groupe »

Diagramme de collaboration :

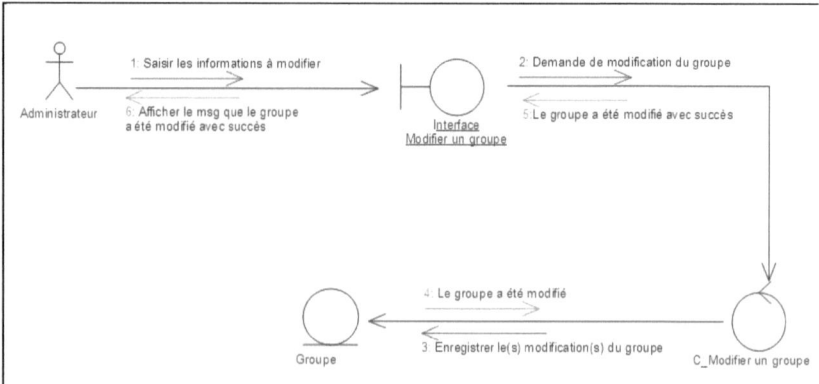

Figure 19 – Diagramme de collaboration de CU« Modifier un groupe »

4.3   Cas d'utilisation « Supprimer un groupe »

Traçabilité entre cas d'utilisation et modèle d'analyse :

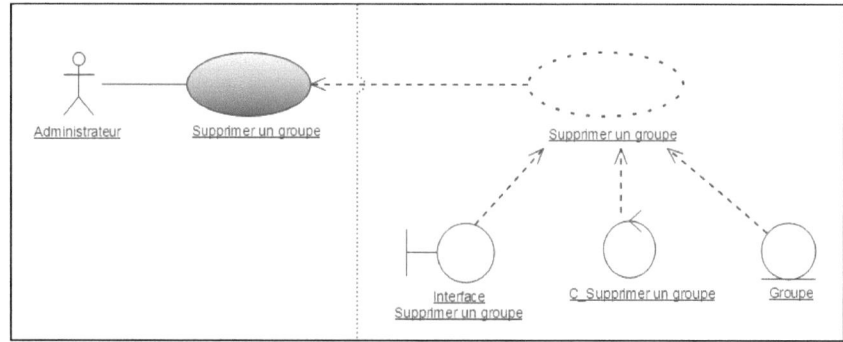

Figure 20 – Traçabilité entre cas d'utilisation et modèle d'analyse de CU« Supprimer un groupe »

Modèle d'analyse :

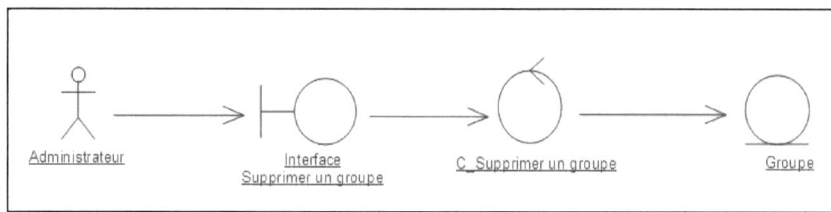

Figure 21 – Modèle d'analyse de CU « Supprimer un groupe »

Diagramme de collaboration :

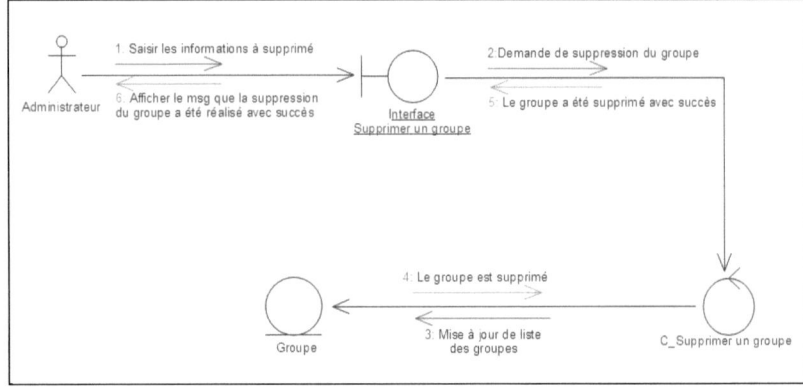

Figure 22 – Diagramme de collaboration de CU « Supprimer un groupe »

4.4 Cas d'utilisation « Ajouter un employé »

Traçabilité entre cas d'utilisation et modèle d'analyse :

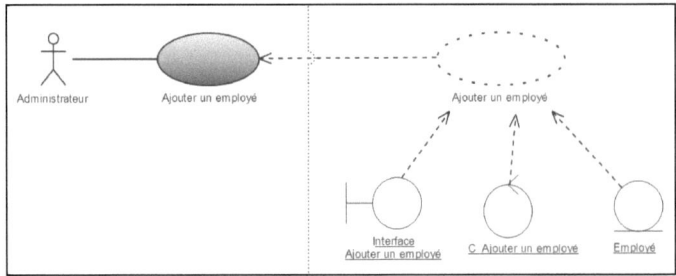

Figure 23 – Traçabilité entre cas d'utilisation et modèle d'analyse de CU« Ajouter un employé »

Modèle d'analyse :

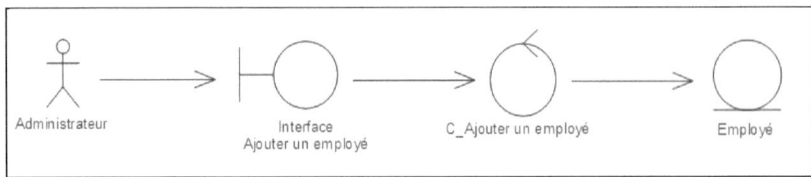

Figure 24 – Modèle d'analyse de CU « Ajouter un employé

Diagramme de collaboration :

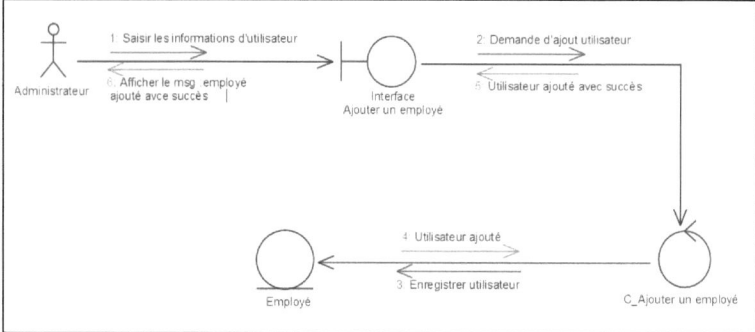

Figure 25 – Diagramme de collaboration de CU « Ajouter un employé »

5. Conclusion

Le but de la phase d'analyse est de spécifier et de définir notre système à construire. Les modèles développés décrivent ce que le système doit faire, les besoins. Cette phase est basée réellement sur le besoin et non pas sur des considérations spécifiques aux conditions de développement.

Chapitre VII

Conception

1. Introduction

Ayant compris le contexte de notre application lors des chapitres précédents, l'objectif maintenant est d'élaborer une conception. Nous nous sommes inspirées de la méthodologie du processus unifié avec l'ensemble de ses phases et activités, adaptant ainsi le langage UML.

Dans ce qui suit, nous allons concevoir les cas d'utilisations prioritaires déjà analysés, nous commençons par une traçabilité entre le modèle d'analyse et le modèle de conception qui est représenté, ensuite un diagramme de classe du modèle de conception pour les cas d'utilisation les plus pertinentes.

2. Traçabilité entre modèle d'analyse et modèle de conception des cas d'utilisation les plus pertinents

2.1. Cas d'utilisation « Ajouter document »

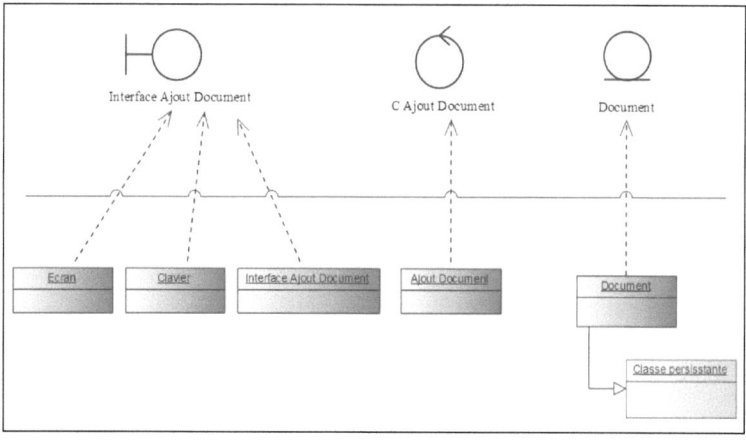

Figure 26 - Traçabilité entre modèle d'analyse et modèle de conception de CU « Ajouter un document »

2.2.   Cas d'utilisation « Rechercher document »

Traçabilité entre modèle d'analyse et modèle de conception

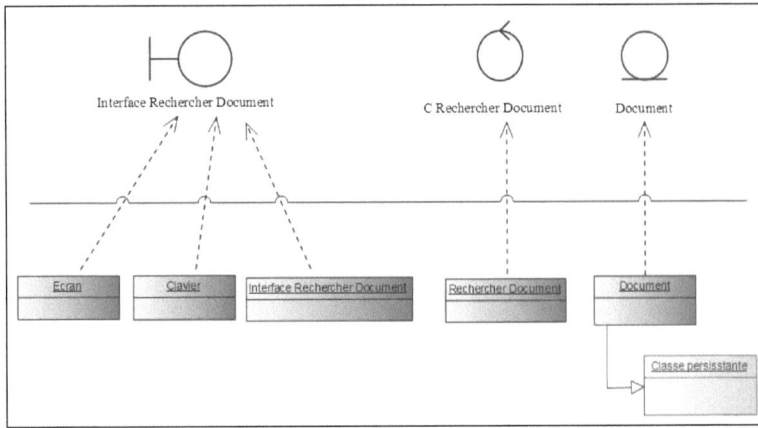

Figure 27 - Traçabilité entre modèle d'analyse et modèle de conception de CU « Rechercher document »

2.3.   Cas d'utilisation « Créer groupe »

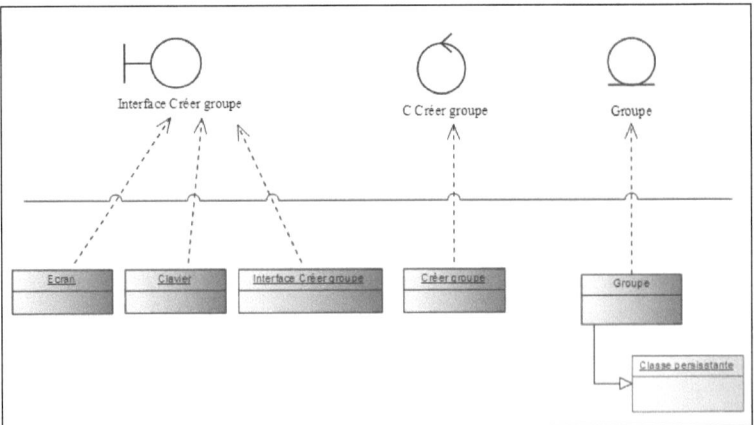

Figure 28 – Traçabilité entre modèle d'analyse et de conception de CU « Crée groupe »

2.4.   Cas d'utilisation « Ajouter employé »

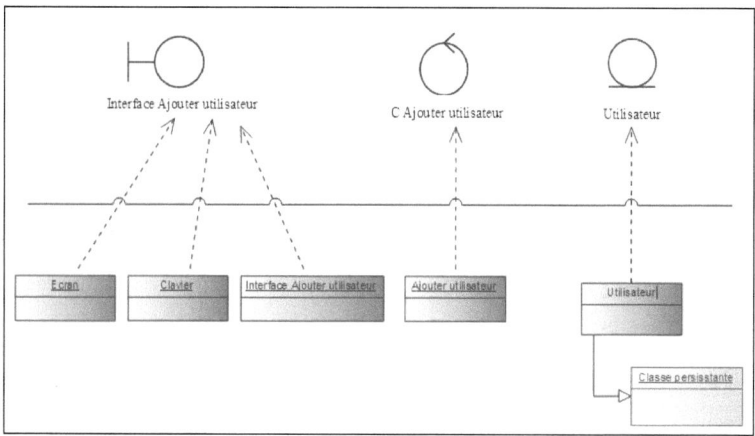

Figure 29 – Traçabilité entre modèle d'analyse et modèle de conception de CU « Ajouter Employé »

3. Diagramme de conception

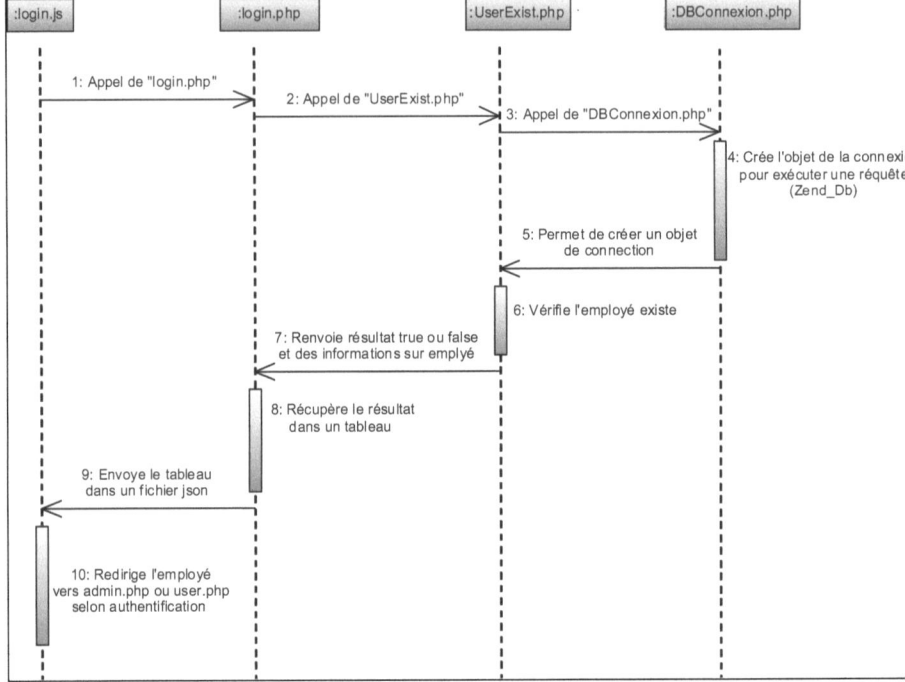

Figure 30 – Diagramme de conception

4. Conclusion

L'activité de conception de cette phase guide la prochaine qui regroupe la réalisation et les tests. Nous présenterons dans cette ultime phase des captures d'écrans des interfaces de notre application, résumant ainsi le travail accompli.

Chapitre VIII

Réalisation et tests

1. Introduction

Après avoir achevé l'étape de la conception de l'application, nous commencerons par présenter les outils et langages de notre application avec une spécification de la méthodologie adoptée et nous terminerons enfin par décrire les scénarios les plus généraux illustrés par des captures d'écrans de notre application.

2. Environnement de travail

2.1. Environnement matériel

L'environnement matériel, (postes de développement), sur lequel nous avons travaillé est constitué d'un ordinateur caractérisés par :

- Type d'ordinateur : Ordinateur portable
- Vitesse Microprocesseur : Windows XP, Core 2 Duo T7500 à 2,2 GHz,
- Capacité du RAM : 2 Go DDR2 à 667 MHz (2 x 1024 Mo)
- Capacité du Disque dure : 160 Go

2.2. Environnement logiciel

Le développement de l'application dans un environnement Web, PhP, et l'utilisation d'un MySQL sont exigés par laser Informatique.

L'environnement logiciel adopté est le suivant :

- Système d'exploitation : Windows XP.
- Version PHP : php5.
- Environnement du développement : APTANA.

APTANA est un IDE (Environnement de développement intégré), pour créer des sites web dynamiques. C'est un GROS éditeur de texte plutôt complet... Il vous facilitera donc la vie de codeur HTML, JavaScript, AJAX, CSS, PHP...

APTANA possède énormément de fonctionnalités : gestion de script, auto-complétion (HTML, JS(AJAX), PHP, CSS), coloration personnalisable, FTP, Gestion de projet, synchronisation local/serveur, analyseur syntaxique

- *Framework de persistance : Zend.*

Le **Zend Framework** est un framework pour PHP5. Il a été développé dans le but de simplifier le développement Web tout en recommandant les bonnes pratiques et la conception orientée objets en offrant des outils puissants aux développeurs. ZF permet aussi d'utiliser nativement le principe de MVC (Modèle-Vue-Contrôleur) mais ne l'oblige pas. Le Zend Framework est construit en utilisant 100 % de code Orienté-objet. La structure des composants du Zend Framework est quelque peu unique ; chaque composant est conçu avec de faibles dépendances envers les autres composants. Cette architecture faiblement couplée permet aux développeurs d'utiliser les composants individuellement. On appelle souvent ce type de conception "use-at-will".

Dans ce cadre, nous allons utiliser quelque composant tel que :

- ○ Zend_Acl est utilisé pour dire si un objet a le droit de faire une action ou non. Avec Zend_Acl, on va pouvoir dire : "tel internaute a le droit de lire le forum A mais pas d'écrire dedans, alors que dans le forum B il aura le droit de lire et d'écrire des messages".
- ○ Zend_Db et ses autres sous classes proposent une interface de connexion aux bases de données de SQL ainsi que l'exécution d'opérations communes.
- ○ Zend Search Lucene, moteur de recherche de contenu distribué au sein de Zend Framework. Il offre différentes fonctionnalités telles que : recherche par pertinence, recherche sur un champ spécifique (titre, auteur, etc...).

- *Framework de présentation : Ext Js.*

Ext Js est un framework très riche en fonctionnalités (orientée IHM), il est une bibliothèque de JavaScript permettant de construire des applications web interactives. Il apporte un certain nombre de composants visuels d'une grande qualité comme des champs de formulaires avancés, des arbres, des tableaux, menu et barre d'outils, onglets, boîtes de dialogue...

- *Serveur bases de données : MySQL.*

3. Interfaces Homme Machine du système

Dans cette partie nous allons illustrer les interfaces de l'application à travers des scénarii concernant les modules de gestion que nous avons réalisé et présenté.

3.1.   Interface « Authentifier »

Cette interface permet à l'employé de s'identifier en saisissant login et le mot de passe, il sera redirigé vers une interface soit comme administrateur ou employé. Dans le cas d'un champ vide ou erroné, un message d'erreur est affiché.

Figure 31 - Interface « Authentifier »

3.2.   Interface « Administrateur »

L'administrateur doit être le premier à accéder au système car c'est lui qui se chargera de définir les futurs employés de l'application et d'attribuer les groupes afin de gérer les droits d'accès.

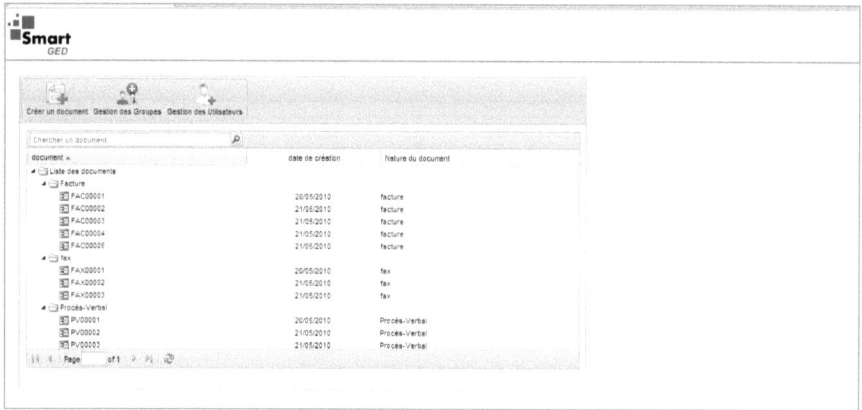

Figure 32 - Interface « Administrateur »

3.3. Interface « Gérer un employé »

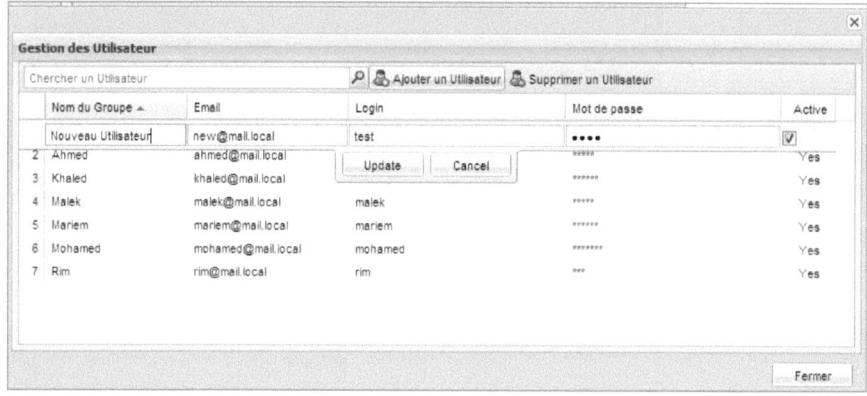

Figure 33 – Interface « Gérer un employé »

Cette interface permet à l'aministrateur de :

- Ajouter un employé en attribuant les informations correspandantes (nomemail,login,pwd,etat).
- Elle offre la possiblité de voir ces informations en cliquant sur l'enregistrement désiré.
- Suuprimer un employé.

3.4. Interface « Gérer un groupe »

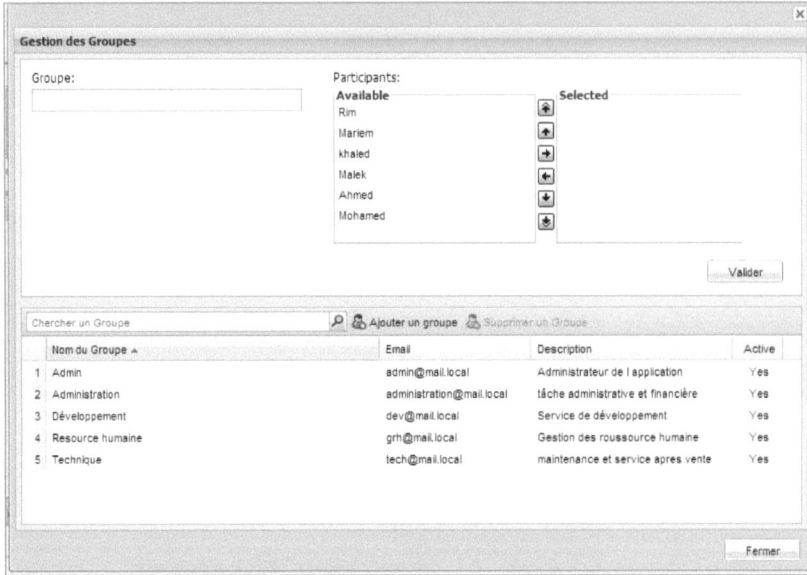

Figure 34 – Gérer un groupe

Cette figure illustre les différentes tâches d'administrateur sur un groupe dans la cadre de sécuriser l'accès au document, tel que :

- Créer un groupe
- Affecter des employés au groupe

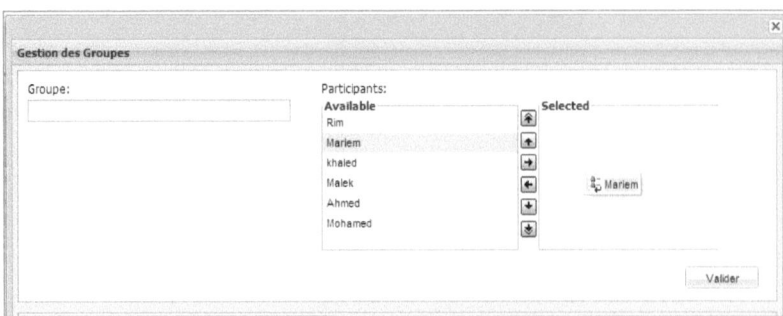

Figure 35 – Affecter un employé à un groupe

■ Modifier un groupe

Nom du Groupe ▲	Email	▼	Description	Active
Nouveau Groupe	new@mail.local			☑
2 Admin		Update Cancel	Administrateur de l'application	Yes
3 Administration		local	tâche administrative et financière	Yes
4 Développement	dev@mail.local		Service de développement	Yes

3.5. Interface « Ajouter un document »

Cette figure illustre l'enchaînnemet pour créer un document et affecter les droits aux différents groupes.

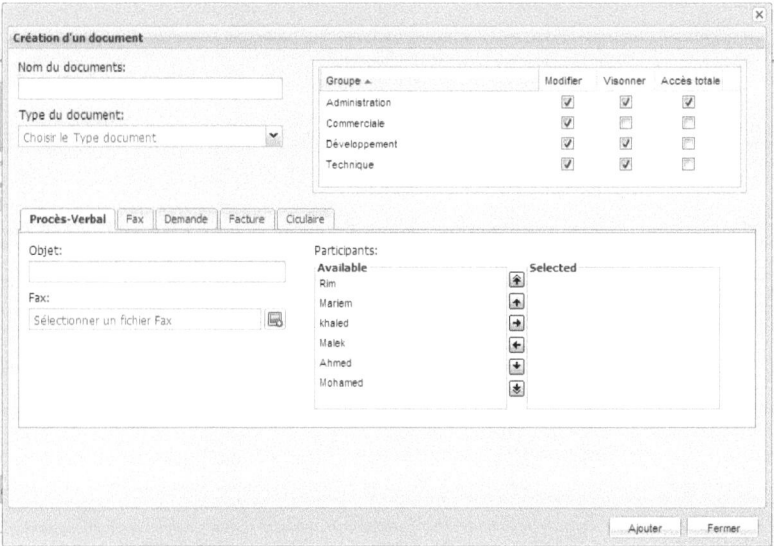

4. Conclusion

Dans la partie en cours, nous avons donné un aperçu sur le travail accompli en se basant sur quelques interfaces de l'application développée. Les difficultés techniques rencontrées dans cette partie, étaient surtout dues à notre manque de connaissances du framework Ext JS, framework Zend et les contraintes de délais de projet.

Conclusion générale

On a érigé des remparts plus au moins solides et efficaces afin de définir les périmètres de besoin de notre projet GED qui devient indispensable, afin de gérer de façon précise et méthodique le dossier de chacun des employés. GED permet de gérer précisément la confidentialité, le suivi du dossier, les durées de conservation ainsi que la diffusion des documents. Pour toutes entreprises qui souhaitent gérer de manière efficiente ses documents, la gestion électronique de documents est indispensable.

Ce projet a également contribué à acquérir de nouvelles connaissances dans le domaine du développement Web par l'intégration des composants Ext JS, la maitrise de framework Zend et le langage PhP5, aussi à l'amélioration des connaissances acquises dans le domaine du développement orienté objets utilisant le langage UML et ce d'un point de vue théorique et pratique.

Cependant, par manque de temps, nous n'avons pas pu s'approfondir d'avantage dans l'implémentation d'autres fonctionnalités qui auront pu améliorer notre application comme l'implémentation d'un GED générique ainsi que l'amélioration de l'interface homme/machine et l'accroissement des performances de l'application.

Ce projet marque à la fois la fin et le début d'un horizon, que nous espérons qu'il sera couronné de succès et de réussite.

[1] TIC : Technologies de l'information et de la communication (TIC) et de nouvelles technologies de l'information et de la communication (NTIC) (en anglais, Information and communication technologies, ICT) regroupent les techniques utilisées dans le traitement et la transmission des informations, principalement de l'informatique, de l'internet et des télécommunications.

- http://www.developpez.net
- http://www.zend.com
- http://www.extjs.com/
- http://fr.wikipedia.org/wiki/Technologies_de_l%27information_et_de_la_communication
- http://www.aptana.org/
- http://www.maarch.fr/